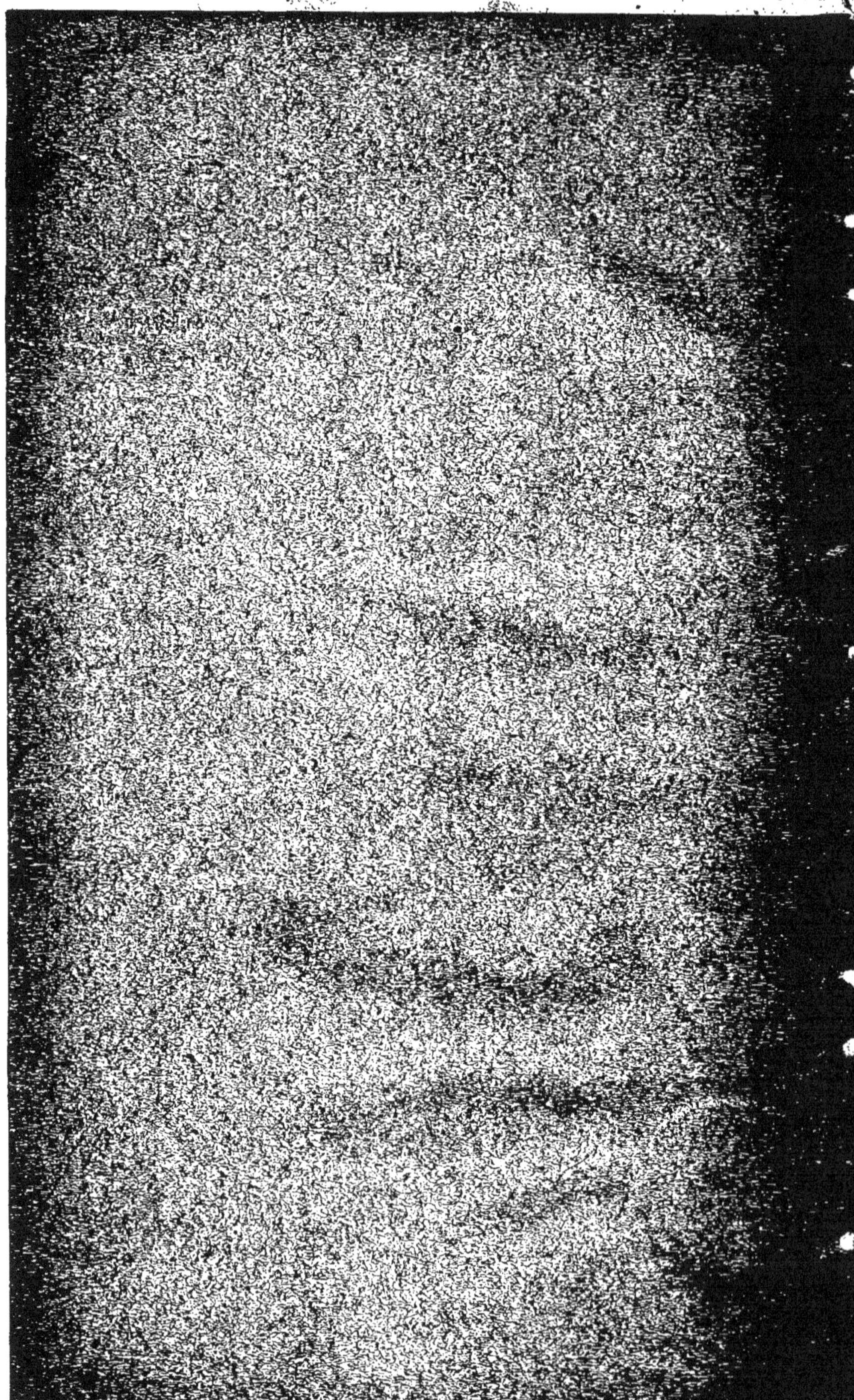

LA PREMIÈRE INVASION PRUSSIENNE

(11 AOUT-2 SEPTEMBRE 1792) [1]

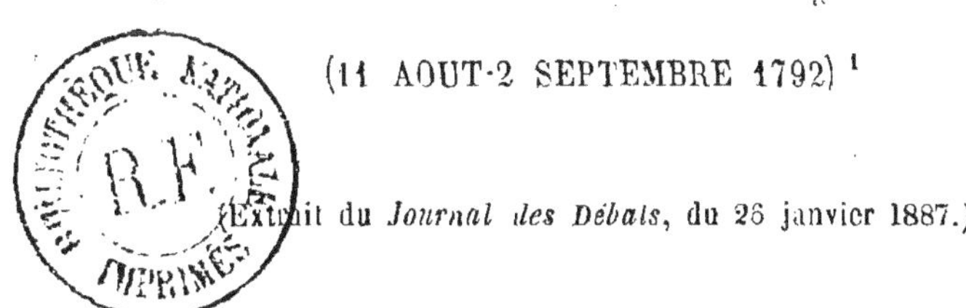

(Extrait du *Journal des Débats*, du 26 janvier 1887.)

La première Invasion prussienne (11 août-2 septembre 1792); 300 pages compactes pour vingt-deux jours de campagne! Le lecteur pensera, en ouvrant ce volume, que c'est beaucoup, et jugera, après l'avoir lu, qu'il n'y a pas une ligne de trop.

C'est une étude psychologique autant qu'un chapitre d'histoire. La plupart des historiens militaires, pressés d'arriver aux grandes opérations, se hâtent au milieu des événements du début, et font peu de place dans leurs récits aux impressions confuses, aux émotions profondes de ces premières heures de lutte qui souvent décident de tout. Nous n'avons pas à remonter bien loin dans nos souvenirs pour revivre ces journées si longues qui précèdent la grande journée, attendue et redoutée de tous, pour sentir encore nos cœurs s'ouvrir ou se serrer aux nouvelles contradictoires, pour entendre avec stupeur le premier bruit des pas étrangers sur la terre française. Quand on a entendu, senti, vécu cela, on ne trouve pas de longueurs dans le récit de M. Chuquet.

---

[1] Par ARTHUR CHUQUET. 1 vol. in-18, 3 fr. 50. Paris, *Léopold Cerf*.

Quelle guerre d'ailleurs, que cette guerre de 1792! On ne pouvait lui assigner aucune des causes qui depuis trois siècles avaient troublé la paix européenne : ni le désir d'une revanche, comme sous Louis XVI, ni les caprices de cour, comme sous Louis XV, ni les fantaisies de conquérant qui avaient souvent dirigé les armes de Louis XIV, ni la question des frontières, ni les passions religieuses, ni les vieilles haines nationales. La France et l'Europe sentaient bien qu'elles ne marchaient pas à une lutte ordinaire, la France surtout ; les grands mots d'une génération qui n'a pas su dire simplement les grandes choses, les tirades déclamatoires qui sont alors dans la bouche de tous, ne doivent pas nous faire illusion sur la passion réelle et profonde qui remue tous les cœurs. Fatigante et ridicule, la phraséologie révolutionnaire l'est souvent, mais vide, non pas ! Soldats, gens du peuple, hommes politiques, à la frontière, au club, à l'Assemblée, tous sentent fortement ce qu'ils disent avec emphase ; c'est cet état d'esprit d'une nation tout entière que M. Chuquet, en véritable historien, a tenu à nous faire bien connaître avec preuves et témoignages à l'appui.

Les témoignages abondent, en effet, dans son livre ; ils en forment comme la trame serrée ; mais nous louerions davantage son érudition, d'une sûreté et d'une abondance remarquables, si nous n'avions à signaler en lui deux mérites plus rares : un sens historique très pénétrant, et l'art avec lequel sont mis en œuvre d'innombrables documents. Les deux études magistrales consacrées à l'armée française et à l'armée prussienne vont nous permettre d'étudier le procédé de l'auteur, procédé à peine visible, du reste, mais d'un effet saisissant. Conduire lentement le lecteur des apparences à la réalité, lui faire faire peu à peu le tour des choses et la connaissance intime des hommes, l'amener enfin, par l'accumulation des détails adroitement groupés, à des conclusions inattendues, telle est cette méthode dans laquelle la science sans étalage et la logique sans appareil jouent tour à tour leur rôle.

Certes, c'est un triste moment pour la France que celui de la déclaration de guerre et la partie commence mal pour la Révolution. Lafayette le dit sincèrement : « On n'est prêt pour rien ! » Comment le serait-on ? Les ministres de la guerre se succèdent avec une effrayante rapidité : six en cinq mois. Les places de la frontière ne sont ni réparées ni approvisionnées. L'armée de ligne n'est pas au complet de guerre : on croit pouvoir opposer à l'ennemi 300,000 hommes, et 82,000 seulement sont prêts à marcher. La Constituante a décrété en 1791 la levée de 169 bataillons de volontaires ; au mois de juin 1792, 83 seulement sont formés. La Législative décrète la levée de 45 nouveaux bataillons ; « les deux levées se croisent, s'enchevêtrent, se nuisent l'une à l'autre », et le camp de 20,000 fédérés formé, après les premiers échecs, sur la proposition de Servan, ne fait qu'accroître le désordre.

L'émigration a enlevé à l'armée de ligne 6,000 officiers sur 9,000, et elle continue. C'est pour le ministre, écrit Rochambeau, l'œuvre de Pénélope ; elle défait le lendemain tout le travail de la veille. On devine quelle confiance les soldats ont dans leurs chefs et quelle discipline règne dans les camps ; ce ne sont, du 29 avril au 10 août, que manifestations des comités de régiments, réclamations à l'Assemblée contre les règlements « qui respirent la tyrannie », dénonciations des chefs, rumeurs de trahisons, commencements de panique. Quant aux généraux, ils ont les yeux fixés, non sur la frontière, mais sur Paris, attentifs seulement à la lutte de la monarchie et du parti populaire. Celui-ci l'emporte ; aussitôt le plus loyal, le plus actif de nos généraux, Lafayette, essaye d'entraîner dans un vaste mouvement, au nom de la Constitution violée, l'armée et les départements contre la capitale. Il échoue et s'enfuit. C'est la fin de tout, assurément, et les Prussiens qui sont à ce moment sur la frontière, doivent croire, suivant le mot d'un contemporain, « que, pour vaincre ces fameux soldats de la Révolution, il n'y a plus besoin que de fouets de poste ».

Mais regardons derrière cette façade délabrée et qui menace ruine; nous y ferons, avec M. Chuquet, quelques découvertes rassurantes. D'abord tous les volontaires n'ont pas apporté à l'armée le désordre et l'insubordination. L'auteur distingue (et c'est là une des démonstrations les plus ingénieuses et les plus solides de son livre) entre les volontaires de 1791 et ceux de 1792. Ceux-ci réunis à la hâte, sans choix, sans contrôle, arrivent à l'armée mal préparés à la vie militaire, et y apportent toutes les passions jacobines ; ils sont embarrassants par leur ignorance et dangereux par leur turbulence. Tout autres ceux de 1791, ceux de la Constituante; ce sont, sinon de vieux soldats, du moins des soldats déjà formés, quelques-uns de ces bataillons se sont déjà distingués au début des opérations ; plusieurs ont été, par un premier essai d'amalgame, embrigadés avec des bataillons de ligne. Puis ils ont choisi leurs chefs, suivant les prescriptions de la loi, parmi les hommes qui ont déjà servi. Pour montrer combien ces premiers choix furent éclairés, il faudrait nommer presque tous les commandants et un grand nombre de capitaines ; parmi les premiers, Bon, Chabran, Championnet, Davout, Delmas, Haxo, La Harpe, Marceau, Moreau, Oudinot, Souham, Suchet ; parmi les seconds, Belliard, Compans, Dessolles, Duhem, Gouvion Saint-Cyr, Molitor, Mortier, Moncey, Soult, etc. Se figure-t-on ce que de tels hommes peuvent ajouter à la valeur d'un bataillon, à la solidité d'une armée ? Se figure-t-on aussi de quelle passion ces soldats devaient chérir la Révolution qui leur donnait l'égalité, l'égalité qui leur donnait de tels chefs, ces chefs dont l'exemple promettait tout au courage et au patriotisme ? Ce sont ces sentiments que résume la prière naïve et éloquente du sergent Fricasse:

« Dieu de toute justice, prends sous ta protection une nation généreuse qui ne combat que pour l'égalité ! »

En réalité, M. Chuquet a cent fois raison de le dire, « l'émigration fut un bienfait pour l'armée française ». Elle la débarrassa d'un grand nombre d'officiers, très fiers et très ignorants ; entre ces officiers et les sous-officiers qui prirent leur place, il y avait, a-t-on dit, la même différence qu'entre des amateurs et des artistes. L'émigration d'ailleurs ne dépeupla pas toutes les armes. Les nobles étaient beaucoup moins nombreux dans l'artillerie et dans le génie que dans l'infanterie et la cavalerie. Ces laborieuses études, ces pénibles services ne convenaient guère aux gens de cour. Les officiers des armes spéciales étaient dispensés des preuves de noblesse qu'on exigeait des autres. L'esprit de ces corps était déjà républicain, et leur organisation excellente ; loin de perdre sa vieille supériorité, l'artillerie française l'avait confirmée, sous la direction de Vallière et de Gribeauval, les précieux auxiliaires de ce comte de Saint-Germain, dont M. Mention a récemment mis en lumière les mérites. Elle venait enfin de se compléter par une excellente création due à Lafayette, celle de l'artillerie à cheval.

Il y a donc dans cette armée des éléments précieux, mal agrégés sans doute, mais qu'un courant d'enthousiasme réunit et entraîne, et qui auront bientôt acquis une force de cohésion surprenante. L'enthousiasme, la foi figurent rarement parmi les données de la statistique et dans les inventaires de documents où se complaît l'érudition moderne. M. Chuquet a tenu cependant à leur donner une place, la première, dans son tableau de l'armée française en 1792. Il leur a même trouvé des pièces justificatives. L'une d'elles, extraite des archives de la guerre, est un morceau unique dans son genre, et comme il le dit, « de l'histoire véritable et réellement vivante ». C'est la relation, adressée à Luckner, d'un entretien entre Deprez-Crassier, le brave commandant de l'avant-garde française, et le prince de Hohenlohe, qui

*

venait de remporter sur nos troupes un premier avantage à Fontoy. La courtoisie du prince, la droiture et la simplicité de son interlocuteur donnent à ces demandes et à ces réponses un accent tout particulier ; rien ne décourage le premier, rien n'entame le second. « Nous » sommes ici général, pour rétablir l'ordre et la paix » dans le royaume, rendre au roi sa liberté et ses droits, » anéantir les factieux ; voyons général, soyons amis, » empêchons l'effusion du sang, unissons-nous pour une » cause aussi juste. — Prince, je veux votre estime ; j'ai » déjà dit à M. Nassau que je servais la France libre et » le roi. — Dites des factieux. — Un soldat n'en connaît » point ; il n'obéit qu'aux ordres de ses supérieurs légitimes. — Vous changerez. — Jamais..... » Il est difficile de trouver une expression plus exacte et plus ferme du devoir militaire, cette suprême ressource des nations bouleversées.

Passons à la contre-épreuve, franchissons le Rhin. L'armée prussienne se prépare à châtier la Révolution. Ici la façade est magnifique, tout est régulier, parfait, admirable. Effectifs au complet, infanterie d'élite, cavalerie sans rivale. Tous ceux qui ont vu, aux grandes manœuvres d'automne, ces fusiliers de haute taille, ces cavaliers « robustes, carrés, bien facés », ces lignes de vingt bataillons, ces colonnes de trente escadrons évoluer avec une précision automatique et une rapidité invraisemblable, sans une erreur, sans une hésitation, sans un froissement, proclament la supériorité de l'armée prussienne. Des poètes célèbrent ses perfections. Elle est, suivant Mirabeau, « le modèle éternel de toutes les autres ». « Malheur, dit Toulongeon, à l'armée qui sera obligée de manœuvrer devant elle ! »

Ces soldats incomparables ont des officiers exquis, dont M. Chuquet a tracé un portrait vraiment piquant. Ce ne sont pas, comme on l'imagine, d'ignorants sabreurs. Tous gentilhommes, fort instruits, extrêmement considérés et recherchés, ils affectent les belles manières, se piquent de littérature et fréquentent les salons ; quelques-uns sont poètes, poètes vertueux de l'école de Klopstock ; d'autres sont érudits, citent Salluste, commentent Tacite. Les œuvres de Montesquieu, de Rousseau, de Grotius, de Moïse Mendelssohn, sont l'objet de leurs entretiens familiers ; en campagne, *la Henriade*, *les Bucoliques*, le quatrième livre de *l'Enéide* « leur adoucissent les heures amères ». Le croirait-on ? ils sont parfois généreux, galants, sensibles, à la mode française ! L'un d'eux, témoin d'un acte de férocité auquel il n'a pu s'opposer, verse des larmes, et maudit la guerre, « la flétrissure du genre humain ».

Mais, si nous enlevons cette surface brillante, ce vernis léger, nous trouvons un corps rude, fait d'éléments grossiers et peu homogènes ; les sous-officiers ont, au plus haut degré, la pratique du métier militaire, ils n'en ont pas les vertus, parce qu'ils n'en peuvent avoir les ambitions : ils ne franchiront jamais la distance qui les sépare des brillants officiers gentilhommes. A la moindre faute, ils reçoivent des coups de plat d'épée; ils s'en dédommagent en prodiguant des coups de bâton aux soldats. Ces soldats sont de deux sortes : les uns, les *cantonistes*, recrutés en vertu du principe, alors nouveau, du service obligatoire, passent peu de temps sous les drapeaux ; les autres, les étrangers (*auslander*), ceux qui forment les cadres des régiments, sont des aventuriers de tout pays, des déserteurs des armées voisines, des vagabonds ou des malfaiteurs, soumis à une discipline de fer, contenus par la terreur. Ces deux éléments, milice et armée permanente, trop différents, devaient se désagréger à la première secousse. Il suffira d'une semaine de privation, d'une déception, d'un échec, pour que l'élément brutal l'emporte sur l'autre, la férocité instinctive sur l'habitude de la discipline, pour que les belles colonnes se rompent, pour que les rangs se confondent, pour que les scènes de pillage commencent. Dès que l'armée prussienne eut franchi le Rhin, on vit quelle différence il y avait entre la parade et l'opération, quelle distance du champ de manœuvre au champ de bataille.

Il s'en faut, d'ailleurs, que toutes les parties de l'armée aient la même valeur, soient l'objet des mêmes soins. L'artillerie est au-dessous du médiocre ; les grades en sont dédaigneusement abandonnés par les gentils-hommes aux bourgeois ; ce n'est pas une arme noble, c'est à peine une arme savante : « Est-il donc si difficile de tirer juste ! » disait Frédéric II. L'avancement, qui n'y est donné qu'à l'ancienneté, n'excite aucune émulation ; le matériel n'a pas été réformé. Le génie est « indignement ravalé et abjectement tenu ». L'administration militaire est lente et maladroite, ses agents souvent malhonnêtes. Le service sanitaire est détestable, inhumain ; les lazarets des foyers de pestilence, des sentines. Les *impedimenta* de l'armée alourdissent étrangement ses mouvements ; les bagages et les valets des officiers s'allongent en interminables colonnes derrière les corps en marche : 700 boulangers, 120,462 goujats ou soldats du train, 32,795 blanchisseuses ! C'est l'armée de Darius, dit M. Chuquet, plutôt que celle d'Alexandre. C'est aussi l'armée française de Rosbach, pour ne parler que du passé.

Mais ce qui manque à cette « armée classique », à cette masse d'hommes marchant vers la France d'un pas régulier, et avec toutes les apparences de la solidité, ce qui manque surtout, on l'a deviné, c'est l'élan, c'est la flamme intérieure. Pourquoi allait-on se battre ? Les soldats l'ignoraient. Que valait la cause qu'on voulait faire triompher ? Les officiers n'étaient pas d'accord sur ce point. Qui profiterait de la victoire ? Les chefs n'osaient répondre à cette question. Beaucoup pensaient qu'on allait travailler pour l'Autriche, la seule ennemie nationale de la Pruses à cette époque. La Révolution ne soulevait pas plus de colère que Louis XVI et son entourage n'inspiraient de sympathie. Quant aux émigrés, qui se figu-

raient avoir armé l'Europe pour leur cause, les sentiments des Prussiens à leur égard étaient un mélange
de défiance, d'aversion et de mépris. Leur vanité puérile,
leur jactance, leurs frivoles préoccupations et leurs hautes
prétentions, leur façon d'escompter les victoires aux-
quelles ils étaient incapables de contribuer, tout les fai-
sait détester. Le roi de Prusse gardait soigneusement
ses régiments du contact de cette troupe indisciplinée, où
tout le monde voulait commander et où personne ne
savait obéir. Il en avait fait une armée spéciale, qu'on
appelait pompeusement *Armée du centre*, et qu'on relé-
guait prudemment à l'arrière-garde.

Ce grand corps sans âme que M. Chuquet soumet à
une analyse si pénétrante, Michelet semble l'avoir vu
d'un coup d'œil quand il dit : « Nul principe, nulle idée
» ne dominait cette armée. Elle avançait lentement,
» comme il était naturel, n'ayant nulle raison d'avancer.
» Les émigrés étaient là, priant, suppliant, se mourant
» d'impatience : Brunswick songeait. » Cet homme de
talent que toute l'Europe croyait être un homme de génie,
Charles-Ferdinand de Brunswick, avait des dehors sé-
duisants, des manières courtoises, des qualités tout à
fait françaises : « J'ai cru voir, disait un émigré, un de nos
» princes avec toute la grâce de notre nation. » Souverain libéral et humain, il était admiré même en France.
Narbonne lui avait offert, au commencement de 1792, le
commandement de notre armée ; les républicains le te-
naient presque pour un des leurs. Ce n'est pas sous ces
traits qu'on se représente d'ordinaire l'auteur du fameux manifeste. Mais le manifeste, on le sait aujour-
d'hui, fut l'œuvre de tout le monde excepté de Brunswick. Fersen l'avait inspiré, Limon, un intrigant pro-
tégé par Breteuil, l'avait rédigé, et surtout la reine, la
cour l'avaient exigé tel qu'il était avec ses provocations
et ses folles violences. Aux Tuileries, on ne doutait pas
que l'apparition du manifeste ne fût le salut du trône.
Plus clairvoyant, Brunswick céda par faiblesse, signa, et

s'en repentit jusqu'à la mort. « Ces malheureux mani-
» festes, disait-il plus tard, je donnerais ma vie pour ne
» pas les avoir signés. »

La faiblesse, voilà le défaut de l'homme : celui du
général était une extrême circonspection : « Il n'osait
» brusquer la fortune et ne savait se décider à temps.
» Trop clairvoyant pour ne pas peser le pour et le contre
» d'une entreprise, assailli par la foule des idées et des
» points de vue, méticuleux, préoccupé des moindres
» détails, absorbé par d'incroyables minuties, écrivant
» de sa propre main les listes de cantonnement et les
» ordres de marche, demandant, à la veille d'Iéna, s'il
» fallait écrire Münchenholzen ou Müncholzen, voulant
» tout voir de ses propres yeux, et, comme il disait, non
» seulement avec les yeux du corps, mais avec ceux de
» la raison, il laissait toujours échapper l'occasion favo-
» rable. » Un général qui redoute toute initiative a
naturellement des lieutenants qui évitent toute respon-
sabilité. « Je n'ai pas d'ordres », était la réponse ordinaire des officiers prussiens.

Brunswick songeait trop ; Frédéric-Guillaume songeait
trop peu. L'impatience, l'impétuosité maladroite de ce
bizarre souverain achevaient de tout brouiller. Les
deux éléments de l'armée et de la nation, à cette
époque, l'un trop cultivé, l'autre encore grossier, se
résument en ces deux personnages. « Le roi, intré-
» pide, robuste, corpulent, passionné pour les exer-
» cices physiques, à la fois sensuel et sensible, aimant
» les femmes, polygame, dominé par les favoris, avait la
» taille d'un grenadier, des façons engageantes, et très
» peu de jugement. »

Les portraits de cette facture nette et rapide sont nombreux dans ce livre. Un des plus vivants et des plus
complets est celui de Luckner. Pour les soldats, auxquels
plaît sa familiarité grossière, c'est « le père Luckner » ;
pour les hommes politiques, « un bien pauvre homme »
(Mme Roland ajoute confidentiellement « à demi-abruti »)

aussi incapable de comprendre la Révolution française
que de parler français. Voici en quel jargon il annonce
à ses officiers la journée du 10 août : « Il fient t'arriver
» un crant accident à Paris. L'ennemi qui l'est defant
» nous, ché mé moque; mais l'ennemi qui l'est terrièra
» ché mé moque pas. » Les vrais hommes de guerre le
tiennent pour un soudard obtus. A Dumouriez lui expli-
quant son plan d'invasion de la Belgique il répondait :
« Oui ; moi tourne par la droite, tourne par la gauche, et
» marcher vite. » Le gros du public, enfin, voit en lui un
vieux brave, un rude et vénérable guerrier. Il faut ajouter un trait encore à cette physionomie, déjà passable-
ment incohérente : c'est la ruse, une ruse de paysan
madré, qui, ignorant tout, se défie de tout et se tient
prêt à tout. Ce Bavarois, passé du service de Frédéric II
à celui de Louis XV, sait tirer profit de sa sottise, comme
d'autres de leur esprit. Le roi, l'Assemblée, la nation,
sont pour lui des notions confuses : il les distingue tout
juste assez pour faire son choix au bon moment. Au lendemain du 10 août, du « crant accident », il a vite trouvé
sa formule : « Sacrétié, moi che sis chacobin! » Se sent-
il menacé? Il s'humilie, se vante baragouine, pleurniche,
attendrit les uns, lasse les autres, et conjure l'orage.
Lorsque, le 25 août, on voulut lui enlever la direction
des opérations pour la donner à un vrai général, Keller-
mann, il eut une telle crise de larmes que les « débutés »
s'apitoyèrent. On finit par le nommer généralissime
« afin, dit M. Chuquet, qu'ayant toutes les armées à
» commander, il n'en pût commander aucune ».

Cet art de peindre, M. Chuquet l'applique aux événements comme aux hommes. Dans la seconde partie du
volume les épisodes se multiplient, les détails s'accumu-
lent. C'est par le nombre, c'est surtout par le choix et
l'arrangement des faits que l'auteur nous donne l'illusion
de la réalité. Nous sommes à Fontoy, entraînés dans la
première déroute de notre cavalerie; à l'hôtel de ville de
Longwy, à côté de Lavergne, signant la capitulation; à

Verdun, dans la nuit du 2 septembre, au moment où l'on vient d'entendre un coup de feu dans la chambre du commandant; nous accourons avec les plantons, nous trouvons le malheureux Beaurepaire, « gisant tout de » son long sur le parquet, couvert d'un habit de garde » national, avec une croix de Saint-Louis, une veste de » satin blanc, culotte de peau, botté, ceint d'une épée, » deux pistolets déchargés à côté de lui... » Enfin nous avons été mêlés, pendant vingt jours, à tous les événements qui servent de prologue au plus grand drame militaire de l'histoire moderne.

Un seul reproche pour finir, et l'auteur ne s'en offensera pas. Son livre n'a pas de conclusion : il n'en peut pas avoir. Si complet qu'il soit en lui-même, cet ouvrage n'est, ne doit être qu'une introduction. M. Chuquet nous doit un Valmy ; nous avons tout lieu de croire qu'il ne nous fera pas trop attendre.

R. JALLIFFIER.

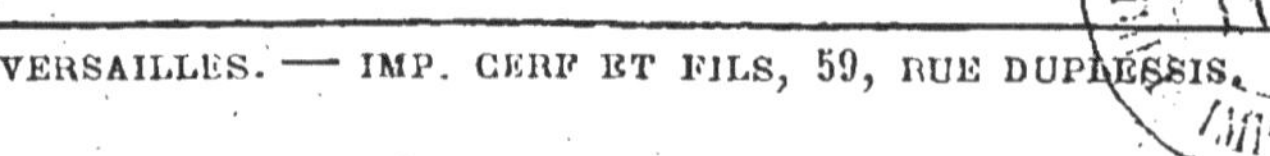

VERSAILLES. — IMP. CERF ET FILS, 59, RUE DUPLESSIS.

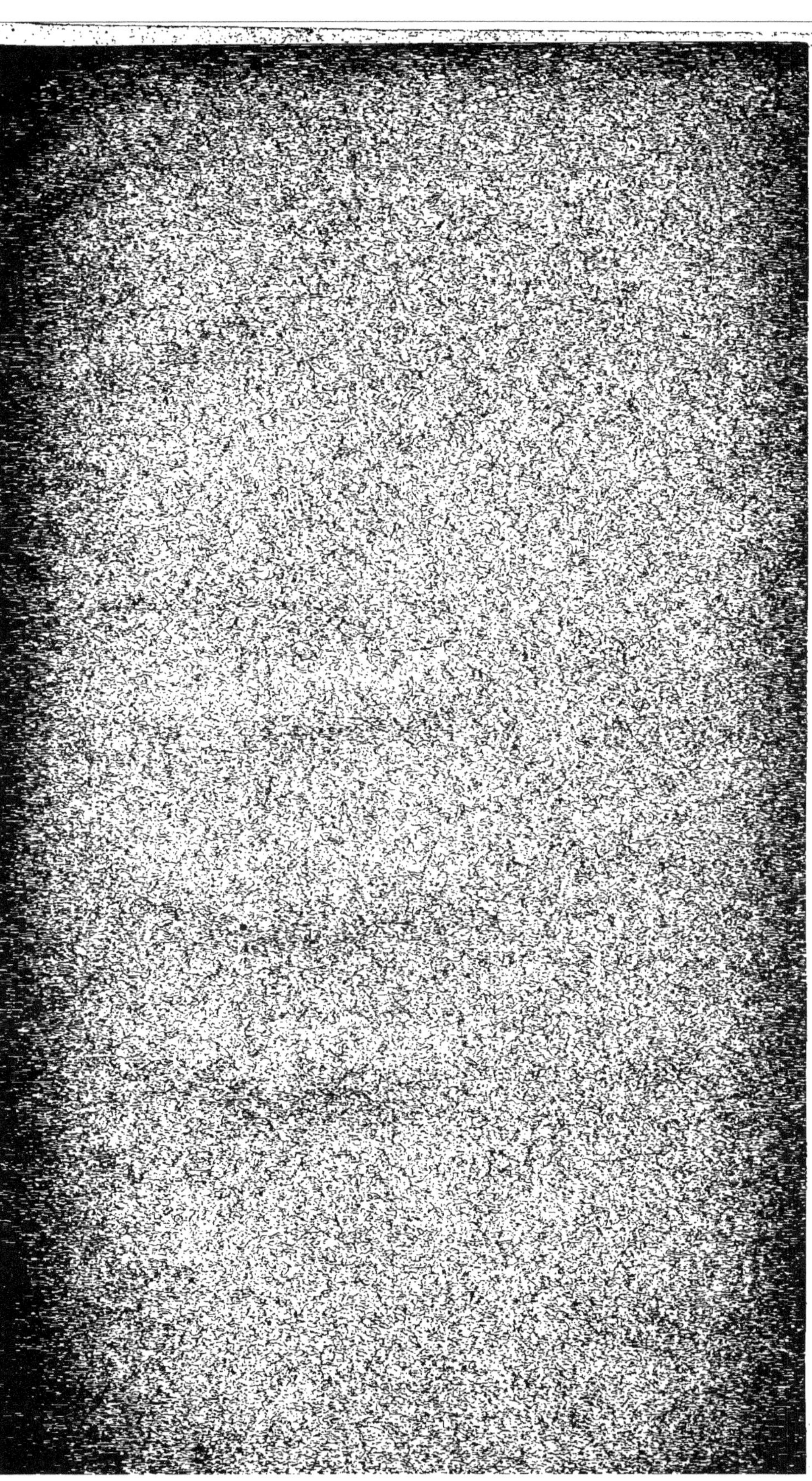

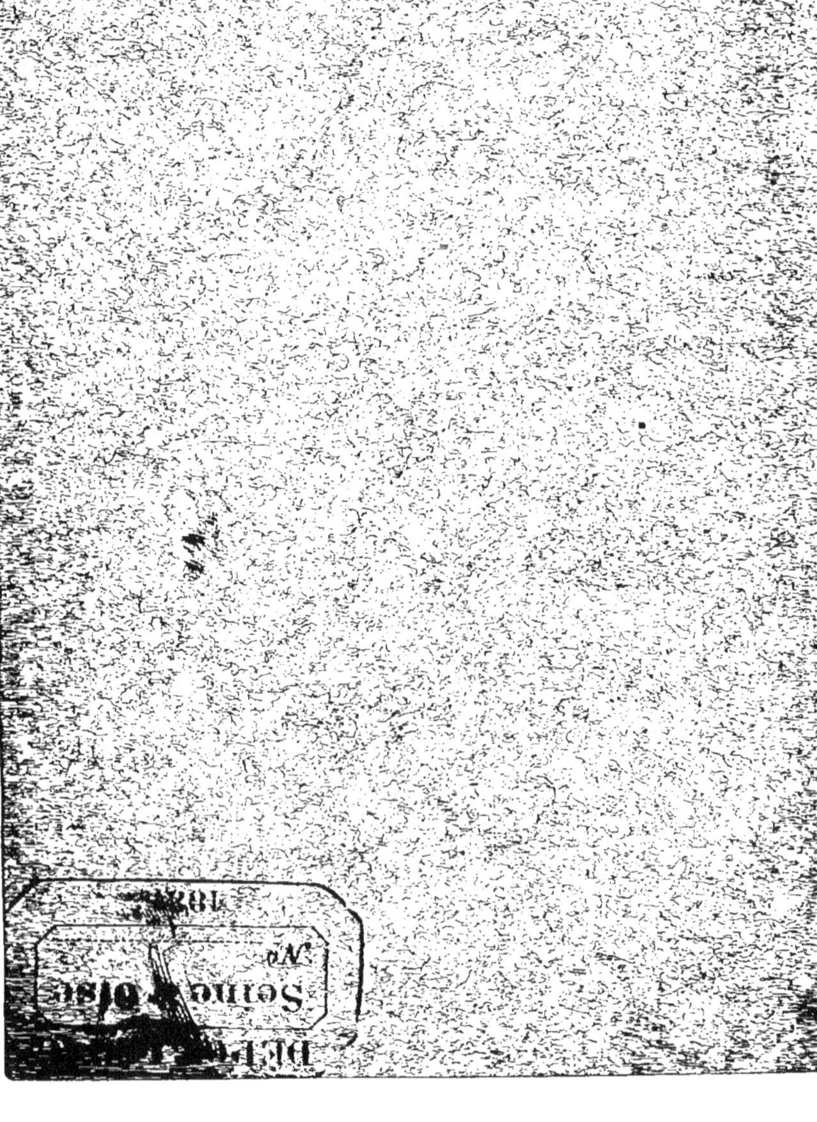